时间箴言

〔美〕简·雅各博士 著
张培 译

商务印书馆
创于1897 The Commercial Press
2013年·北京

谨以此书献给我的妈妈葛莱迪·巴卡斯，
我的父亲威廉姆·巴卡斯，
我的丈夫弗莱德和我的儿子斯科特和杰夫，
我的孙子布莱德利，
我姐姐爱莲和可爱的家人们，
还有我衷心热爱的朋友。

前言

当工作和繁琐事务越发膨胀，每天却只有24个小时，生活仿佛一下子失去了控制。那就让这本小书来帮助你吧，它会告诉你如何重新掌控，成为世间最珍贵之物——时间的主人。

时间是个概念。千百年来，无数哲学家、诗人、散文家、人类学家、社会学家、心理学家、作家和大智慧者无不对时间反复推敲琢磨。

《时间箴言》就是对我们所拥有的时间（无论长短）最大的庆祝。它提供了一个框架，指明了应该如何提高效率、提升产量及促成效果。

本书的第一句箴言是我个人的最爱，因为在固定的时间框架里，每天或每周的时间总是少得可怜，所以我们必须做到“我的时间我做主”。

那么你怎么样呢？你是自己时间的主人吗？你能控制工作时间、娱乐时间，或是在学校的时间吗？如果不能掌控，你该采取什么对策？在本书的箴言中，你将轻易地找到答案。最重要的任务将在此时此刻完成。你将能够自主决定需要做什么、喜欢做什么、或者必须做什么，然后坚定不移地将它们完成。

在本书中，你也会发现关于时间管理的经典名言，例如《圣经》中“传道书 3”的名句：“万物皆有四季，有时间，有目标……”，又如著名散文家亨利·戴维·梭罗的名言：“生命被琐碎消磨，须简化，须简化。”

弗莱德里克·温斯楼·泰勒1911年出版了《科学管理的原则》，书中介绍了他如何提高员工劳动生产效率。他的观点在今天看来毫不稀奇，但是在当时却有着划时代的意思。

* 激励员工积极性带来产量的显著增加。

* 随时告知最佳剩余工作量可提高劳动生产率。

* 为员工提供培训，而不是依靠员工自我培训，可以提高效率。

如今，时间管理已经成为时尚。人们随处可见时间管理教练、讲师、作家或研究者。我们可以从这些大师身上学到很多，尤其是专业的研究。我曾经出版过一本书《事半功倍》(2008)，书中提到：康奈尔大学1999年的一项实验证明：工作的时候，时不时停下来休息一下，可以比连续工作减少13%的错误。

三十岁初的时候我就已经开始研究时间管理了，那个时候我还是单身，全身心地投入事业。当生活有了进展，我发现不仅在我自己的小圈子里，甚至在整个社会当中都发生着一些变化。由于商务往来频繁，我发现上世纪八九十年代不怎么关注时间管理的一些国家，现在正迫不及待地吸取这方面的知识和经验，并在国内广泛地普及和宣传开来。

突然之间，原本只能在专题研讨会或学术论著中才能看见的词汇已经进入了人们的日常生活，并且正在被各种各样的人群使用，例如“工作生活平衡”、“优先次序”、“目标设定”以及“拖沓”等等。

速度与正确决断

在我举办的研讨会上，回顾自己的生活与

事业，我真的想与你们分享，别的人以前也涉及过类似问题，但是对我来说它还是最重要的——如何迅速决断，并确保所做即为正确。

先谈谈这个问题，你如何确定自己所做的事是正确的。通常情况下，我们要根据结果进行判断。但是结果往往需要等待数天、数周、许多年甚至一个世纪。

我认为如果你已经精通时间管理，并且充分自信，你就能够避免浪费数月或数年的时间，在做出错误决断之前，悬崖勒马。

时间管理是最好的工具，例如整理文件和私人物品，以便掌控财产；准时赴约，别人就不会反感。时间管理对我们每个人来说都非常重要，掌握它，就等于掌控了宇宙赋予我们最宝贵的财富。

有一个最为生动的例子。他知道每一秒

钟的重要意义，并且将时间运用到了极致。他就是计算机科学教授兰迪·鲍舍（Randy Pausch）。患有胰脏癌症的鲍舍博士在47岁时为卡内基梅陇大学的400名观众发表了最后一次演讲《实现童年的梦想》。这次演讲史无前例，并被记录在youtube.com网站上供国际上无数人阅览。《华尔街日报》的记者杰弗里·扎施娄与鲍舍博士合作将演讲出版成册，翻译成40种语言，畅销国际。演讲后的一年半，这位三个孩子的快乐父亲最终还是离开了我们。但是，他一生中的最后时光充实无比，他的精神通过演讲和书本，当然还有与孩子、家人，朋友和同事的融洽交流，永远留了下来。

兰迪·鲍舍只是众多英年早逝者之一。其实没有人能准确地知道自己还剩下多少时间，所以更要好好地问问自己：“你充分利用每一分钟了吗?”

我们追求的并不只是完成了多少工作,就如谚语所云,在死神面前没有人许愿要完成更多的工作或在办公室里度过更长的时间。我们渴望的,是生活和工作的平衡,是人际交往与难忘的经历,是自足的生活,口中食和身上衣。当然额外的物质享受就更好了。

《时间箴言》成稿是基于总的自然规律,换言之,是积极正确的思想和观念。如果用积极,正向的思想剔除消极的思想,你就会真正改变。但是,本书并不能代替专业的理论医疗书籍,如果你需要,请向精神病专家、心理专家、社会学家或其他心灵健康专家寻求帮助。

如果本书能够帮助你在一天里获得更多,那就已经达到我们的目的了。每个人都被要求在一定时间里做更多的事情,同时,我们自己对自己的要求也越来越高。研究证明,积极乐观也是一种策略,帮助我们在减轻压力和烦躁的同时,取得更多成果。所以,无论上级是否赏识你,无论是否自认高效,请阅读本书的箴言,至少每天读上一句,也能多少帮助您在轻松愉悦之时提高效率。

在365天时间箴言之后,本书还提供了一些提高效率充实生活的小技巧,希望您能够喜欢这些小活动。

本书的最后,让我们来分享父亲曾给我上的三堂课——当然是关于时间管理的。

此外,还有很多关于时间管理的书籍供您参阅。您会发现我推荐的书都列在《百科全书》的书目中。

我特别愿意听到您的意见,您最喜欢本书的哪些箴言?为自己创造了哪些箴言?我无法确保给每一封来信写回信，但是在这里提前感谢您的来信。以下是我的联系方式：

Dr Jan Yager，P. O. BOX8038，

jyager@aol. com

您也可以访问我的 twitter：

www. twitter. com/drjanyager

此外，我还出版了很多书籍和论文，也欢迎访问我的博客，我的个人网站地址是：

www. drjanyager. com

我欣赏您，我的读者，感谢您阅读《时间箴言》。

祝阅读愉快。

简·雅各 博士

目录

第三部分

第一部分

365天时间箴言

1

我的时间我做主。

2

今天我知道了,要达到成功必须做什么,

所以我要集中精力。

3

我充分利用每一分钟。

4

内心的烦躁会影响对时间的控制,

所以我会尽量减小,

最好消除内心的混乱。

5

我的工作与生活是平衡的。

6

我有目标。

7

我很冷静。

8

我做事情讲究顺序。

9

唯一能掌控的人，是自己。

所以我集中精力只管好自己。

10

我爱的和爱我的人，

我感激他们。

11

我有激情，我要过好每一天。

12

我拥有打破旧习的力量。

13

我活在当下。

14

我能做到最好。

15

排列好优先次序，

我总是从最重要的开始。

16

拥抱家务，并从中寻找乐趣。

让一切都井井有条。

17

我小心应对人际关系，

这是对我最好的选择，

有时候，自己动手会更好。

18

我仔细观察时间管理能人，

以此学习他们的经验。

19

调整自己的速度。

20

学会抽身，

这样才能足够休息，

以便整装重新上阵。

21

优秀是我的目标，

也一定能被实现。

22

我的期望都是实际的，

所以可以得到。

23

我很准时。

24

紧急文件、普通文件和

办公用品分开摆放，

这样任务明确，高效办公。

25

我不怕麻烦，

总是把用完的东西放回原处。

26

类似的工作，整理起来一起做。

27

我会停下脚步,享受花儿的芬芳。

28

对待同事、客户和下属,

我采用严肃又活泼的态度。

29

我的决定清晰明确,

而且我有果断做决定的能力。

30

我及时回复商务信函。

31

工作电话我当天之内就回复。

32

我紧跟科技的脚步。

33

情绪危机会影响效率，

所以我给自己和他人放个假。

34

我坚持不懈。

35

唯一能够改变的是自己，

所以我斟酌，并开始着手改变。

36

充满热情，

积极参与有目标的工作。

37

定位了自己的缺点，

并把它打造成为

有影响力且高产的优点。

38

制订简洁清楚的计划，

是第一项计划。

39

我知道电话应该打多久。

40

我经常读书。

41

与朋友交谈,同时倾听。

42

我重视家庭。

43

有条理，

是我努力培养的习惯。

44

我善于自我实现，

也就是说，

我珍视时间并合理安排。

45

我从心理学家

艾伦·惠理斯(Alan Wheelis)的

《如何改变》一书中受益匪浅。

书中写道：

“性格随举止而改变。

改变身份需从行动开始，

而行动需要新的方式。”

46

我很诚实。

47

我值得信赖。

48

我在心中和笔头都有个规划，

指导我今天应该做什么。

49

做重要的事优先于无谓地忙碌，

要据此安排时间。

50

我思考减压的方法。

51

我集中精神。

52

我充分利用路上的时间。

53

我拾起闲置的才能，

以免它们生锈变质。

54

今天提醒自己，

回顾一下中长期计划。

55

今天我查看短期目标，

重温取得成功的步骤。

56

我富有创造力。

57

我经常锻炼身体。

58

沟通时，无论长短，

言语明确都可以节省时间。

59

我欣赏以往的成绩，

关注现在的任务，

明确未来的目标。

60

对学习如何提高效率的人们，

我耐心指导，

并提供所有技巧。

61

从过去吸取教训，

我努力做到最好。

62

告诉自己，

时间管理的利器，

就在手里。

63

今天我吸收了新方法来管理时间。

64

我是行动派，

我不懈争取。

65

我充分利用每一天的每一小时，

每一分钟的每一秒。

66

今天，我充满勇气。

67

今天，我要设身处地理解他人。

68

今天，我作志愿者，

帮助不幸的人。

69

对于孩子的倾诉，

我只倾听，不评价。

70

我欣赏我的爱人，

就如我们刚刚认识的时候一样。

71

我统筹规划,立体安排时间。

72

更有效的时间管理,威力无穷。

73

抛弃先前虚度时间的坏习惯。

74

我建立效率节点,

一步步释放压力,

变得更加高效、高产。

75

学会说“不”，学会接受“不”，

只对事，不对人。

76

我全神贯注。

77

今天我自娱自乐。

78

当热情燃尽，我会提前知晓，

重新安排时间，让自己恢复活力。

79

我教育孩子自己动手，

独立带给人自信的力量。

80

我怎么全力规划工作，

今天我就怎么全力规划生活。

81

我理解人与人的不同，

我也看到有些人更加高效。

82

高度关注，并为此自我奖励。

83

我珍视周末。

84

每天都留下些许空余时间，

用来处理临时重要事件。

85

学会变通。

86

今天要制订计划。

87

案头文件也是工作之一，

我认真对待，并严守程序。

88

每时每刻，我都心存感激。

89

与人打交道，我虚心学习，

只有和他人交流，才能开阔视野。

90

今天我重新评估工作方法和用具，

该更新的就更新，该替换的就替换。

91

我的通讯录随时更新，

所以信息来源很便捷。

92

我制定现实可行的最后期限，

督促自己完成工作。

93

以多种方式备份资料，

所以当电脑死机或出现故障，

不必担心白辛苦一场。

94

我吸取成功者的经验，

建立自己的时间管理体系。

95

我总会抽出时间体验别种文化。

96

我边写边校对，

这样就省去了返工的时间。

97

我总不会忘记翻翻台历，

提醒自己当天的任务和最后时限。

98

我有充裕的时间。

99

我享受每一个人际关系，

每一段时刻，

和每一项任务的达成。

100

每一次经历，每一段关系都是我的老师。

101

我很果断，

知道什么该留，什么该舍。

102

我感激和孩子们在一起的时间。

103

我珍视与爱人在一起的时间。

104

我重视梦想。

105

今天永远是第一天。

106

我聚集起所有的能量和主动性，

让今天成为收获的一天、难忘的一天。

107

我开放思维，拥抱新的体验。

108

我欢迎科技为工作带来便利，

同时确保新科技适合我，并为我所用。

109

我紧跟激情的脚步。

110

保持联络。

111

想要拖延，我于是自问：

有什么道理把现在必须做的事放到以后？

112

我尊敬他人有限的时间，

我也理解他们缺少与我会面的时间。

113

如何消费自己的时间是个选择题，

我在做这道题的时候会再三思量。

114

我为每天都要处理的琐事留出专项时间。

115

我认真模仿优秀人士的时间习惯，

更珍视自己总结所得，

因为那对我最有效。

116

时间管理很有用，

所以我会花时间研究它。

117

我调节兴奋与低落，

始终清醒地认识自己，

将这一天过得无比充实。

118

对那些不怎么精力充沛和有条理的人，

我会耐心对待。

119

我只在最有利的情况下才授权他人，

与权力和地位无关。

120

我的时间要与爱人度过。

121

我为优秀而奋斗，

摒弃不现实的表现主义。

122

我与他人分享时间。

123

每天反省一天所为，

并且回顾短期和长期目标。

124

一个人要获取时间，

就不能对邻居的所言、所为、所思盲目信从。

——罗马帝国皇帝奥瑞利亚斯

125

对别人的来信，我总是第一时间回复。

但对于别人无法第一时间回复我的来信，

也表示充分理解。

126

我提前想好礼貌又坚定的拒绝语，

不能让谈话超出限定的时间，

或者必须离开却无法脱身。

127

我小心应对多重任务，

在不给自己和他人带来麻烦的前提下，

可以同时做两件事。

128

我是高效率的时间管理者。

129

“时间就是金钱。”

——本杰明·富兰克林

130

我高效处理信函或电子邮件。

131

我有自己一套可行的文件管理体系。

132

我清楚自己对时间的需求，

我也能够控制这些需求。

133

我精心设计工作与工作之间的空余，

以保证自己始终处于最佳状态。

134

“过度工作累死的人，

比为正义而牺牲的人，

多得多。”

——英国小说家鲁德亚德·吉普林

135

我抽时间给文件、杂志等分类。

136

我能控制自己的混乱。

137

我优先考虑休假。

138

周末不工作，是我的主旨。

139

我调研，才能从他人身上学到益处。

140

科技确保劳动效率。

141

“失去的时间再也找不回。”

——本杰明·富兰克林

142

我会思考死后该留下些什么，

并依此制订时间计划。

143

我花时间，保持与爱人在精神上的契合。

144

我尽量不浪费别人的时间。

145

我把家人放在第一位。

146

罗伯特·卢瑟福提出

“行为低效能[①]”和“行为高效能[②]”理论，

我要把时间多放在后者上，

而不是前者上。

147

通过可操作的工作计划和身体锻炼来减压。

148

我遵循帕累托法则：

20％的努力产生80％的效果。

---

① 编者注：“LOPO”——low pay off activities。

② 编者注：“HIPO”——high pay off activities。

制订每天计划，

思考20％要怎么做，80％产自哪里。

149

学会坦然说“不”。

150

学会坦然接受“不”。

151

人们评论我的工作表现，

这是反馈而不是批评。

152

他人浪费的时间，就是我们进步的时间。

——亨利·福特

153

只有觉得能够从中受益，我才看电视。

154

今天我要找出一个有碍效率的坏习惯，

并将其改正。

155

要是人人都对手头的事很在行，

恐怕我们都会大吃一惊。

——托马斯·爱迪生

156

今天我恰如其分——不多也不少地评价自己和工作。

157

我感激生命中的一切人和一切事。

158

我允许自己停下来放松一下。

159

我积极推进一项宁愿拖延的工作，为此，要奖励自己。

160

思想塑造性格。

——拉尔夫·爱默生

161

我竭尽全力。

162

我每天都从每一次

经历中吸取经验。

163

坚持不懈是成功的必要因素。

只要敲门的时间足够长,声音足够大,

就一定有人来开门。

——朗费罗·H. W.

164

活得长不一定活得好,

活得好就是活得长。

——本杰明·富兰克林

165

我即是思维。

166

“行动不一定创造幸福，

但是不行动就一定不幸福。”

——本杰明·迪斯雷利

167

今天我要充分利用每一秒、每一分。

168

我要将自己全部的精力和才能注入

每一件事，每一次沟通。

169

我专心致志。

170

我聚焦于该做的事和想做的事，

这会使我成功。

171

“我愿用全部财产换取哪怕一瞬的时间。”

——伊莉莎白女王临终遗言

172

对待工作和他人，

我充满热情。

173

我定期调整目标，

使昨日目标与今日和明日的目标与梦想

保持一致。

174

我看得清时间的轨迹，

这使我更加珍惜每一天。

175

“如何使用时间当然就是如何使用生命。”

——安妮·狄勒德

176

比起“将要做”，我更关注“正在做”。

177

从没有万能的规律，

我有适合自己的一套法则。

178

回收再利用和环保，

这感觉真好。

179

滔滔容易，言简难，

我选择后者。

180

要把复杂的事情简化。

181

我接受:改变是不可避免的。

182

我会花时间整理个人简历,

使其精练并保持更新。

183

忙碌的一天,我会设置效率间歇,

来减轻工作压力。

184

对于机遇之窗[1]，我时刻留意
并且善加利用。

185

我稳步前进。

186

我工作，是因为我要为家人和自己保留
已经收获的丰硕。

187

我赞美时间。

① 编者注："WOO"——Window of Opportunity。

188

“在时间和潮汐面前，众生平等。”

——马克·吐温

189

今天很灿烂。

190

充满激情，探索今天。

191

人生的每个阶段，都要严肃对待。

192

“现在即是无与伦比。”

——曼丽夫人(出自小说《消失的恋人》,1696)

193

生命的开始和结束只在一瞬间,

之间过程才充满遐想、惊喜和神奇。

194

清晨,睁开双眼,

不知道今天等待着我的

会是什么样的神奇经历。

195

多姿多彩，

便一切顺利。

196

阅读以保持与时俱进，

这样的时间很值得。

197

走出去，

看世界，

体验不同的地方、文化和人们，

这样的时间很精彩。

198

别人或许可以提供帮助，

使工作完成得更快一些，

但是只有自己才是在第一时间

规划工作内容的核心人物。

199

“生命被琐碎消磨，须简化，须简化！”

——亨利·戴维·梭罗

200

当面对某人或某事时，

我对其全神贯注。

201

“天下万事万物皆有自己的季节，

做任何事情也有一个恰当的时机。

生之时，死之时，成长之时和腾飞之时。”

——传道书 3

202

我很多产。

203

时钟告诉我时间，

但我不是时钟的奴隶。

204

我不会一下子做太多的事，

因为我知道欲速则不达，

所以按照自己的能力安排工作量。

205

我知道自己的缺点，

但也知道自己的优点和独特的能力。

206

我只和最好的自我竞争。

207

每天，我都给自己留出时间。

208

我提醒自己今天必须做什么，

然后就优先做什么。

209

我有足够的力量完成自己分内的工作。

210

我虽然需要别人各种各样的帮助，

但知道要依靠自己。

211

我每天都锻炼大脑，

所以总是有最佳表现。

212

我珍视睡眠，

那是宝贵的自我休整、

重新焕发活力的时间。

213

我清楚他人对我的期望，

所以我会尽量实现，

如有必要，我甚至会做得更好。

214

整理文件和收拾办公桌也是工作。

215

我相信自己。

216

评估自己，也评估自己的时间。

217

我知道如何做到最好，这是效率的关键。

218

我抽出时间观察世界，

吸取花儿的芬芳、欣赏日出日落，

倾听自然的声音，

也倾听他人的倾诉。

219

“生命的一半时间用来寻找可做的事情，

而这些时间正是极力节省出来的。”

——威尔·逻各斯

220

不能说情绪是浪费时间，

我还是要把用在嫉妒、痛苦、

愤怒和憎恨上的时间，

用在更加积极的情绪上——爱、原谅、

自我接受、宽容和理解。

221

每天至少提醒自己一个需要感恩的理由。

222

无论年龄和地位，

都要评估自己的时间。

223

等待是一个利用时间的好机会，

可以思考平时没有时间思考的问题。

224

我的生活很充实。

225

我的生活很平衡。

226

我会花时间仔细思考要说的话，

因为语言可以治愈也可以伤害。

227

我欣赏这个说法

——“来得迟总比永远不来好。”

228

我很强壮，头脑也很清晰。

229

在前进的道路上，我直面恐惧。

230

我承认力量，也承认弱点。

231

科技是节省时间的有力武器，

我拥抱它。

232

我集中精力在效率上。

233

“愚人与实践是分离的。”

——佚名

234

我把时间用在喜欢的人和事上。

235

我能分清轻重缓急。

236

我敞开胸怀,拥抱新想法。

237

我关心不幸的人。

238

我很准时。

239

今天我要让每一分钟都用得其所，

这样在睡前我会觉得无比充实和满足。

240

今天我要仔细查看我的办公室，

参考一天的工作，对办公室做相应的调整。

241

电子邮件帮助我进一步与人沟通，

但是并不能代替电话或面对面交流。

242

我理解别人时间紧迫。

243

今天我要好好享受每一餐，

并对喝过的每一口水都心存感激。

244

我活在当下，放眼未来，

同时赞赏过去的经验和教训。

245

或深思熟虑，或暂放一边，

对某些需要花大力气的事情，

我一步一步地完成，

免得过度劳累或心力交瘁。

246

对时间和效率,我抱有积极的态度。

247

无论是工作还是生活,

我都能很好的处理压力。

248

我把工作和杂务细分成多个步骤,

然后一个个完成。

249

我注意照顾自己的身体健康。

250

我注意照顾自己的心理健康。

251

我注意调研，并记录所得，

让自己尽可能的高效率。

252

我很有竞争力，并且很成功。

253

今天我为拥有今天而欢欣鼓舞。

254

我有很强的适应能力。

255

我把“打断”视为每天工作和生活的一部分，

我能够很好的应付任何迎面而来的打扰。

256

每天记住一件事，一个名字或一串数字，

作为对记忆力的锻炼。

257

每隔一段时间我都设置一天“清扫日”，

用来整理家务和办公室。

258

今天我全神贯注完成头等大事。

259

今日事今日毕,明天才有新的开始。

260

当过于沉浸而忘记了时间,

我会觉得很有趣并自我理解,

还会从这个经历里学到很多。

261

我很重要。

262

我全神贯注。

263

我制订计划。

264

我很积极。

265

我深思熟虑放慢节奏，

工作反而完成得更快。

266

先处理最难的工作。

267

我拥有积极的心态。

268

我尊重他人的想法。

269

我赞赏他人的想法。

270

我与他人合作，也注意保护自己的原创。

271

我珍视自己。

272

我有始有终。

273

今天我坚定地完成必须完成的工作，

并且能够处理好中途使我偏离目标的干扰。

274

我把每一个他人都看成值得肯定的个体。

275

我是独一无二的。

276

今天我虽然把工作委托
给了他人或者科技手段，
但是我仍然肩负指导和监督的责任。

277

我将工作委托他人是出于效率的考虑，
而不是耀武扬威的需要，
从他人的汇报中自我感觉良好。

278

今天我起得格外早，

为了一睹日出的光辉，

使自己沐浴在大自然的壮观里。

279

今天我抽出时间锻炼身体，

哪怕只有十分钟或二十分钟。

280

梳理一下昨天的任务清单，

看看哪些还没有完成，

然后就去把它们变成“已完成”吧。

281

我尊敬不同文化对时间的不同理解。

282

我发现无作为也是一种作为。

283

和朋友在一起的时间很值。

284

我要和家人共进晚餐。

285

再忙也要吃午饭。

286

人们总是将内心的混乱外化，

那就创造一个平静的自我吧，

这样办公环境也会又安静又整洁。

287

今天我积极地对待时间。

288

我有权获取高效的时间管理技巧。

289

我有权顺利地实现自己的目标。

290

今天我允许自己去争取财富，

也满足于已经拥有的财富。

291

对于时间，我得心应手。

292

我不断追求创新时间管理办法，

让自己变得更加强大。

293

我清醒地知晓，如何度过每日时光。

294

我参加网络论坛，

或与人面对面探讨，

来增进自己时间管理的技能。

295

需要休息的时候，

就休息。

296

我的生活方式很健康，

因为我吃得讲究，

还经常锻炼，

更重要的是睡眠非常充足。

297

我跟踪思想的脉络，

也从不忽视睡梦的启示，

因为它们是我深层意识的窗口。

298

我频繁地查看电子邮件，

只为了使工作更高效，

生活更便捷。

299

我会重新审定目标和工作列表，

根据实际需要调整最后期限或其他。

300

今天我要完成所有需要完成的工作！

301

我的表现代表了我的最高水平。

302

我朝着目标稳步前进。

303

我正在实现梦想。

304

我随时随地通过电话、电子邮件、信件，

或者面对面，

倾听家人或朋友的倾诉。

305

我会花时间琢磨非语言的交流和表达。

306

“无聊”是一个信号，

我应该做点儿什么了。

307

音乐是我生活的一部分。

308

我积极探索新观点。

309

我主宰生活。

310

当忙忙碌碌淹没了我，

我会想办法替换掉消极的想法，

告诉自己，

我把一切处理得很妥当。

311

《时间箴言》告诉我如何管理时间，

但是我也开放心胸，

向专业人士们寻求更多帮助。

312

我提醒自己，

假期由人与人之间共享的经历组成。

313

我庆祝每一次成功。

314

我是个适应性很强的经理。

315

虽然结果不是最理想的，

但是我却从中学到很多，

尝试了新鲜而不同的事物，我为此自豪。

316

时间管理 ＝ 自我管理

317

我为自己创造最佳的工作环境。

318

我的椅子设计合理，舒适又健康，

十分有助于我提高效率。

319

记笔记助于增进记忆力。

320

必要的时候，

我才召集会议。

321

开会的时候，

我注意力集中。

322

我准时出席会议。

323

需要时不时来场头脑风暴，

让创新的点子流动起来。

324

我一只眼睛望宏观，

另一只眼睛盯细节。

325

我人品端正。

326

我在圈外寻找灵感。

如果从事音乐，我会放眼看看体育；

如果从事出版和写作，我会参考商业或艺术；

如果从事烹饪，我会看看科学和医药学。

327

无论独自工作或是团队合作，

我都是高效率。

我会最大限度地利用团队或个人优势，

而且我很会变通。

328

我看日报、书籍、杂志、报纸和网络新闻，

我紧跟时代的步伐。

329

我对做出的决定有信心。

330

销售的产品，提供的服务，

首先自己很信赖。

331

对于创新，

我如饥似渴。

332

我欣然给出，

也欣然接受反馈意见。

333

我充满激情。

334

我活力四射。

335

无论远近，我享受每一次旅程。

336

经常使用的东西最好放在手边。

337

别人的项目和自己的项目，要找时间兼顾。

338

工作或学校对我的多重要求，我都能做到。

339

需要完成的项目，我思路清晰。

阶段和最终时限，我清楚明了。

340

我珍惜自己的时间，所以会先查查清楚

某些人是否有资格给我出主意。

341

我避免将财富和财产等同起来，

我有自己对成功和所得的定义。

342

如果我疑惑:“时间都跑到哪里去了?”
我就该反省反省自己的时间管理技巧了,
要加强时间控制。

343

我不断进步。

344

我有足够的时间来完成意义重大的工作。

345

我能对付拖累人的恐惧。

346

我倾听身体的需要，

与身体保持步调一致。

347

我很强大。

348

今天我好好控制了花掉的每一分钟。

349

每一秒都要用在实处。

350

今天是崭新的一天，

我积极看待将要发生的事。

351

每一天都是恩赐，

我感谢时间的赠与。

352

我感谢与生俱来的恩赐，

也感激成长过程中，

读来的、学来的、品来的和听来的一切。

353

我喜欢自己。

354

我充分利用时间。

355

对于发生在身上的一切，
以及所做的一切，我才是主人。

356

好事情发生在我身上，
是我应得的，
因为我为之努力过、拼搏过。

357

与其让拖沓和不情愿消磨掉我的时间，

不如重新调整工作的顺序，

先做想做的，后做不得不做的，

只是小小的调整，

两个我就都完成了。

358

每一分钟都是幸运所得，

所以要极尽所能，充分利用。

359

世界神秘莫测，命运难以掌控，

但是我们能控制自己对外界的反应。

360

我自英雄那里得到启发。

361

我很受鼓舞。

362

清晨醒来，我意气风发。

我活在今天的每一刻里。

363

团队合作使工作效率大增。

364

时间管理要随机应变，学会变通。

365

我的时间管理融入在生活和工作中，

我拥抱每一点一滴的进步。

在下面的空白处创造出你自己的时间管理箴言吧：

366

____

____

367

368

369

370

103

第二部分

时间管理实践

工作项目

时间管理实践从回答以下问题开始：

1. 在办公室里找到以下物品或信息，花掉了你多长时间：

铅笔：________

计算器：________

接下来一段时间内工作应酬对象的姓名和邮件地址：________

你工作团队的人数：________

下次工作总结的日期：________

看看自己的答案，这些信息你都有了吗，或者有来源吗？通过这些物品和信息，你的工作会更加有效率。

2. 保持精力集中。你正从事哪项工作？

把它写下来吧。你现在应该完成到哪一步了？你正在按照计划进行吗？还是被打断而停滞了？如果有必要，请把你的工作写下来，并贴在显著的位置上，让自己随时能够看得见——电话旁，写字台上，如果有信息板就贴在信息板上。时时刻刻提醒自己要专心。

3. 任职的第一天，请写下你被告知的工作职责。现在请按照实际情况写下你对岗位的描述，并将岗位职责中最重要的几项列在前面，它们所需的精力和时间占多大的比重？10%、25%、50%还是100%？如果你对重要工作投入的时间占比不大，请下定决心改变一下。举个例子，如果销售是你的主要职责，是什么事情使你无法全心投入？这些杂务能否交给他人代劳?

4. 如果你是学生,是否充分利用了同学关系使学习更加有效果? 一起学习,一起讨论、互相提问,特别是同班的同学们,你们是否将学习效率最大化了呢?

5. 如果你明天能够中 1,000 万的大奖,你还想要从事什么样的工作? 你是不是会辞去现在的工作,到处旅行? 如果你现在做的工作不是你所梦想的,是不是可以把它调整得离梦想更近一些? 即使你没有 1,000 万,是不是也可以从事梦想中的工作?

6. 你上一次整理写字台、整理文件柜是什么时候? 请抽出时间来整理整理工作空间吧，无论从事的是办公室工作、户外工作还是在厨房里，这样做都会使工作更加方便。

休闲项目

1. 你所能想象的最神奇、最令人兴奋的旅行是什么样的（和你的爱人或家人一起）？大概要花费多少钱？你什么时候抽得出时间？把你的想法和爱人分享分享。你能确定下具体时间吗——哪怕是一年甚至五年以后？你可以现在就开始为这次旅行存钱吗？

2. 想一想平时不工作的晚上和周末都做些什么。你发现自己做了什么？做家务？看电视？读书？和家人朋友聚会？有没有什么事情你一直想做却总是没有时间做的？那是什么事情？你该如何找到时间开始做这些事情？

3. 你觉得自己像哪种动物？猫、狗、大象还是马？这种动物有什么特点？你们之间有什么共同点？

4. 列出一张你最要好的朋友的名单，然后看看你们最近一次通电话、写电子邮件、聚会是在什么时候？想想办法，怎么能在百忙中抽出时间和好朋友们经常聚一聚。

5. 想象一下和爱人最浪漫的夜晚。你们会去哪里？自己烹饪还是去浪漫的餐厅？有没有乐队或吉他伴奏？你们喜欢什么菜看？请像努力工作那样努力策划你们的夜晚吧。

6. 你最喜欢的休闲活动是什么？写出前三名：

1. ____________________

2. ____________________

3. ____________________

7. 你上一次做以上那些休闲活动是什么时候？答应自己休闲时光多做一些喜欢的事情。

第三部分

父亲教给我时间管理三堂课

我的父亲，威廉·巴克斯先生，曾教给我三个最受益、最实用的时间管理经验。现在，我把它们传授给你，这样你也可以立即从中得到实惠了。

第一课：不要世俗地将时间分割成一天一天，要学会把时间串起来（包括假期）。

我的父亲是一个谨慎勤奋的牙医，他不但周六工作，到了周日也经常自愿留在诊所里加班。在我的童年时期，他留给家庭聚会和外出旅行的时间少之又少。当然了，他也会偶尔带着我和姐姐出去玩儿，比如打保龄球、滑冰，或是到高档的饭店去庆祝生日。但是，我特别渴望时间较长一些的家庭外出旅行，那真是渴望而不可即啊，这辈子我们在一起度过的假期也不超过三次。

我知道你们也许会说:“无论你给他们多少时间,小孩子也永远不满足。”这不是真的!孩子们,尤其是青少年们非常需要适量的家庭时间——不能少也不能多。这样他们才有足够的社交时间,分给学校、兼职、朋友或其他重要的关系。在我最美好的童年时光里,为数不多的几次家庭旅行非常重要,它们在我的记忆里无限扩张。后来,当我和我的丈夫决定住在曼哈顿,并且开始找房子的时候,我的内心渴望着康涅狄格,因为在我三岁的时候我们的家庭旅行曾经到过那里。

没错,我的工作热情非常高涨,因为自小我就经常观察父母工作或为工作做准备的情景。这种工作热情让我在学术事业上受益匪浅。但是，从父亲那里我也总结出，工作和生活的平衡可以使家庭中的每个人受益。至今，我仍然挣扎着应该放多少时间在工作上或如何让生活更多彩一些。在我的孩子们小时候，如果他们只上半天学，那我就千方百计地安排一次下午出游。因为我知道，那个时候即使我离家工作，我也会分心。通过一起打保龄球、制作手工陶艺或者外出享用午餐或冰激凌，我极力避免给孩子们植入工作狂主义，虽然我自己已经无法幸免。

某一个夏天，虽然我和丈夫正处于工作的攻坚时期，我们还是设法抽出十天时间和正值十几岁的儿子们到意大利和法国旅行。我们知道，四个人凑在一起真的很不容易，儿子们也有自己的暑期计划。但是，我们都商量好了要好好度过在一起的十天时间。我们还下定决心再次进行这种活动,哪怕只是一个短暂的周末。

第二课:有时你必须停下所有的事,陪伴在所爱的人身边。

这听起来像是陈词滥调。时间飞驰,突然转身,我发现自己已经步入四十,有了自己的婚姻、家庭和两个儿子。而我八十岁高龄的父亲却被医生诊断出脑癌。

接下来的几个月非常混乱,我每周忙碌,奔波于康涅狄格的家和曼哈顿东区的医院。几年前,父亲曾经成功地战胜了肺癌,所以现在我依然坚信他能再度战胜疾病,快快乐乐地多活几年,虽然医学数据并不能为我的信念提供乐观的支持。

后来，我的乐观态度被否定了。父亲的身体一天一天地衰弱下去。短短的两个月内，他的健康崩毁得如此之快，以至于有一天，毫无预兆地，他就陷入了昏迷。我已经认不出那个我所熟悉的父亲了，那个曾经六十岁跑马拉松，七十岁还和母亲一起长途散步的父亲已经不见了。

突然间，我就再也没有机会和他聊上一聊了。再也不能听他讲述二战的经历，听他诉说如何在大萧条时期抚养我们几个孩子，再也不能和他一起谈一谈他的梦想和担忧了。

这就是父亲教给我的第二堂生动的时间管理课程：别让每天的琐事阻隔你与重要的人联系。当然，在父亲住院期间，有诸多充分的理由让我没能多陪陪他，比如要照顾孩子啦，工作压力大啦，康涅狄格和医院之间距离太远啦等等。但是，当父亲的离去已经近在眼前，我才意识到，其实那些理由都只是借口。我让每日的繁琐阻隔了我与父亲。

如今我已经走出了这件事带给我的悲伤和悔恨，我为所爱的人郑重许下诺言。

从父亲去世直到今日我都一直遵守着这个诺言。前不久，我为了驱车去见一个很久没见的朋友而搁置了一个时间紧迫的重要项目。要是在以前，我也许会为了工作毫不犹豫地取消与朋友的邀约。

我一有空就去看我的母亲，她现在就和我住在同一个小区里。现在我也终于体会到“本来能够多陪陪所爱的人”与“已经多陪陪所爱的人”之间的区别了。

第三课：实现梦想，你会更加精力充沛和快乐，“后悔”和“如果”也会减少很多，同时，你也会成为他人的楷模。

第三课发生在父亲去世后的第二年，那是一次顿悟。

我的母亲在找东西的时候无意间发现了父亲背着所有人收藏了多年的一本日记，他在退休前一年开始记的日记。

母亲把日记给了我，日记的名字叫做“退休倒计时”。

刚开始看日记，我就哭了，震惊于父亲说他退休后要当个作家。

一个作家！这我一点儿也不知道！我

本来可以帮助他实现梦想的。我本来可以成为他的备忘录或他的第一个读者。

这就是父亲教给我最刻骨铭心的第三课，残酷的现实是退休 15 年后，他仍然没有实现一生的梦想。

这比前两课带给我的冲击力要大得多，绝不要拒绝实现梦想所带来的巨大快乐。幸运的是，我吸取了教训，父亲死后两年，我就与丈夫一同出版了自己的第一本小说《不凑巧的死亡》（书评还不错，甚至还翻译成了瑞士语，弗雷德和我还为了新书发布会特意去了一次瑞士）。

你有被推迟的梦想吗？一步一步地，想一个办法开始实现自己的梦想吧。

虽然我的父亲并没有像日记里写的那样成为一名职业作家，但是那本日记就是他对梦想迈出的第一步。我希望有一天我可以把他的日记出版，来帮他实现梦想。我也能再次温习他写的日记，分享他的思想与回忆，能够更加清晰地记忆起他的一点一滴。在日记的中间部分，我发现了一封他曾经写给我的信，时间是 1980 年 2 月 24 日。

信很特别，充满了力量，是你能期待的一个父亲可以传授给成年女儿的最大力量。他把信复印了，放进了日记里，这样他就能清楚地记得他曾经对女儿说过的话、给女儿的忠告，他自己也珍藏了一份。这很好地诠释了我父亲是一个什么样的人，以及他是如何爱我。

就像我的一个好朋友玛丽说过的："坚持，只要坚持。"

最后，亲爱的朋友们，你的父亲和母亲

曾经教会过你们什么呢，关于如何利用时间？这些教诲是否影响了你，改变了你工作和生活的方式？如果你想要更好地掌控时间，就向以往学习吧，就从现在开始，重新塑造你的现在和未来。

我充分利用每一年，每一月，

每一天，每一时，每一秒。

时间是上天的恩赐，

我为时间和生命感恩。

参考文献

Allen, David. *Getting Things Done*. NY: Penguin, 2002.

Covey, Stephen. *7 Habits of Highly Effective People*. NY: Fireside Books, 1990.

Ferriss, Timothy. *The 4-Hour Work Week*. NY: Crown, 2007

Frankl, Victor E. *Man's Search for Meaning*. NY: Touchstone Books, 1984.

Gilbert, Daniel. *Stumbling on Happi-*

ness. NY: Vintage Press, 2007.

Hay, Louise. *I Can Do It: How to Use Affirmations to Change Your Life*. Carlsbad, CA: Hay House, 2004.

Lakein, Alan. *How to Get Control of Your Time and Your Life*. NY: New American Library, 1973.

LeBoeuf, Michael. *Working Smarter*. NY: Warner Books, 1982.

Luongo, Janet. 365 *Daily Affirmations for Creativity*. Stamford, CT: Hannacroix Creek Books, Inc. , 2005.

Mackenzie, Alec with Pat Nickerson. *The Time Trap*. 4th edition. NY: AMACOM, 2009.

Morgenstern, Julie. *Time Manage-*

ment from the Inside Out. NY: Holt, 2004.

Pausch, Randy and Jeffrey Zaslow. *The Last Lecture*. NY: Hyperion, 2008.

Rutherford, Robert D. *Just in Time*. NY: Wiley, 1981.

Yager, Jan. 365 *Daily Affirmations for Creative Weight Management*. Stamford, CT: Hannacroix Creek Books, Inc., 2002.

________. *Creative Time Management*. Englewood Cliffs, NJ: Prentice-Hall, Inc., 1984.

________. *Creative Time Management for the New Millennium*. Stamford, CT: Hannacroix Creek Books, Inc., 1999.

________. *When Friendship Hurts*. NY: Simon & Schuster/Fireside Books, 2002.

________. *Work Less, Do More: The 14-Day Productivity Makeover*. NY: Sterling, 2008.

www. drjanyager. com

在我的网站中有两篇来自《新千年，新管理》的免费时间管理自我测试:“你的时间管理技巧能升级吗?”和“为了进一步提高效率，你需要更多帮助吗?”

http://herself. com/directory/time. htm

时间管理网站列表的超链接。

http://greatmanagement.org

时间管理精选文章。

www.selfgrowth.com

有关成功、爱与关系、健康与健身、金钱与事业、生活风格的文章、视频和新闻通讯。该网站由大卫·瑞克兰于1998年建立，如今该网站月点击率为100万。

www.thelastlecture.com

该网站主要关于兰迪·鲍舍尔的最后一次讲座和其同名著作。有最后一次讲座的视频、同名书节录和作者及其合作者简介。

http://blog.startupperfessionals.com

马蒂·兹威灵的博客，马蒂是 Startup Perfessionals 股份有限公司的创始人兼首席执行官，该公司致力于为企业家和创业者提供时间管理、领导力和业务咨询。

www.timeanddate.com

轻松查找世界各地时间的便利网站，还有日历可供打印。

NAPO（专业组织者协会）

www.napo.net

组织者的联合会，提供时间管理、家庭办公室清理服务和建议。

http://www.davidco.com

大卫·艾伦的网站,大卫著畅销著作《把事情做好》,同时也是位时间管理演讲大师。该网站提供相关文章免费下载服务。

http://www.juliemorgenstern.com/blog

时间管理作家及演讲人朱莉摩根斯坦的博客。

http://www.fourhourworkweek.com/blog

《每周工作四小时》的作者蒂姆·法雷斯的博客。

作者简介

简·雅各，培训师、作家、演讲大师，出版过 27 本著作，被翻译成 24 种语言。大学期间主修美术、个体和群体行为，研究生期间主修刑事司法，获得纽约城市大学社会学博士学位。过去 20 年间，雅各博士曾在圣约翰大学等高校授课，目前任教于康涅狄格大学。她的著作中有三本是关于时间管理的。包括:《新千年，新管理》、《事半功倍》和《时间管理新办法》。20 年来，雅各博士活跃于美国内外，致力于研发时间管理工具，发表时间管理演讲和培训时间管理方法，十分高产。

更多信息，请访问 www. drjanyager，janyager. com/writing，或者给以下地址来信：P. O. BOX 8083，Stamford，CT06905-8038 USA，雅各博士收。

图书在版编目(CIP)数据

时间箴言/(美)雅各著;张培译. —北京:商务印书馆,2013

ISBN 978-7-100-09183-1

I. ①时… II. ①雅… ②张… III. ①时间-管理-通俗读物 IV. ①C935-49

中国版本图书馆 CIP 数据核字(2012)第 104415 号

时间箴言

〔美〕简・雅各 著

张培 译

商 务 印 书 馆 出 版
(北京王府井大街36号 邮政编码 100710)
商 务 印 书 馆 发 行
北京瑞古冠中印刷厂印刷
ISBN 978-7-100-09183-1

2013 年 7 月第 1 版　　开本 787×960 1/32
2013 年 7 月北京第 1 次印刷　　印张 4⅞

定价: 15.00 元